Último día • Last Day

Ultimo día / **Last Day**
First Edition October 2019

© Ximena Gómez

Traducción: Translated by George Franklin & Ximena Gómez
Cover picture/fotografía de portada:
by Hayika Maras

© Published by katakana editores 2019
All rights reserved

Editor: Omar Villasana
Design: Elisa Orozco
Photographs: Hayika Maras

Excepto en caso de reseña, ninguna parte de esta publicación, incluido el diseño de la cubierta puede ser reproducida, almacenada o transmitida en manera alguna ni por ningún medio, sin permiso previo de los autores o la editorial.

No part of this book may be used or reproduced without express permission from copyright holders, except in the context of reviews.

ISBN: 978-1-7321144-7-0

katakana editores corp.
Weston FL, 33331
✉ katakanaeditores@gmail.com

Ximena Gómez

TRADUCCIÓN: George Franklin y la autora

Último día
Last Day

poetry crossover

katakana
editores

Contenido

Dedicatoria 8

I. Con ella sueño en una habitación sin puerta 10

Paramnesia 12
¿Tienes frío? 14
Fotografía 16
Siete poemas, siete sombras 20
Chanclas 24
Juego de sala 26
Algarabía de pájaros 32
Vegetación 34
Casa en ruinas con palomas 35
Zapateado 42

II. No se escucha ningún pájaro 46

Castaño 48
Felicidad con mosca 50
Edén 54
Cricrí 56
Desaparición 58
En la casa de Pance 62
Geranios rojos 64

Table of Contents

Dedication   9

I. I dream of her in a room without a door   11

Paramnesia   13
Are You Cold?   14
Photograph   17
Seven Poems, Seven Shadows   21
Flip-Flops   25
Living Room Set   27
A Revelry of Birds   33
Vegetation   35
Ruined House with Pigeons   37
Zapateado   43

II. There are no more bird sounds   47

Brown   49
Happiness with Fly   51
Eden   55
Chirping   57
Disappearance   59
At the House in Pance   63
Red Geraniums   65

Ternura 68
Dorado 70
En el cuarto de enseguida 72

III. Entre sábanas hablamos en susurros 74

Luz de una lámpara de pie 76
Nevada precoz 80
Lo que quedó de la cena 82
Caja entre el closet 88
Bata de baño 90
Un lunes 92
Tríada edípica 98
La noche del huracán 100
Jueves 102
Último día 104

Agradecimientos 110

Acerca de Ximena Gómez 112
Acerca de George Franklin 113

Tenderness	69
Dorado	71
In the Next Room	73

III. Under the sheets, we spoke in whispers   75

Light from a Floor Lamp	77
Early Snow	81
Left Over from Dinner	83
The Box in the Closet	89
Bathrobe	91
One Monday	93
Oedipal Triad	99
The Night of the Hurricane	101
Thursday	103
Last Day	105
Acknowledgments	111
About Ximena Gómez	112
About George Franklin	113

Para George, mi amor, mi compañero,
este regalo para ti, de ti,
Para mis queridos padres que ya no están,
Para mis queridas hermanas, Pilar, Clara y Carolina.

To George, *mi amor*, *mi compañero*,
this gift to you and from you,
To my dear parents, who are gone,
To my dear sisters, Pilar, Clara, and Carolina.

I. Con ella sueño en una habitación sin puerta

I. dream of her in a room without a door

Paramnesia

Algo aletea
Detrás de una cortina,
El sonido eriza la piel.
Y veo la cortina roja
De mi cuarto de niña,
Entre sus pliegues
Caía una cucaracha
Ebria de veneno.

Paramnesia

Something flutters
Behind a curtain.
The sound bristles my skin,
And I see the red curtain
From my room when I was a child.
Between the pleats
A cockroach was falling,
Drunk with poison.

¿Tienes frío?

Una luz oscura se cuela por entre la niebla. Hace frío.
Parece que hay rastros tuyos en todo este paraje,
como si hubieras estado aquí por siglos y te hubieras
                                        ausentado,
y tus pasos aún rondaran por estas tierras de bruma y sol.
Hay una puerta en la tapia,
no sé si alguna vez la abriste para ir a las montañas.
Aquí junto, al otro lado del muro,
hay hierba que la neblina apenas deja ver
y unas piedras con musgo en los costados
y en la cima de una de ellas,
rosas fucsias y amarillas.
Creo que ahí descansas, bajo los rosales.
Me pregunto si tienes frío.

Are You Cold?

A faint light settles through the fog.
It's cold.
I think there are remnants of you in this place
As if you had been here for centuries, now absent,
Your footsteps still haunting these lands of mist and sun.
There's a gate in the wall.
I don't know whether you ever opened it to go to
                                      the mountains.
Here, close by, on the other side, grass
Barely seen through the fog,
Some stones with moss along the sides,
On top of one, deep pink and yellow roses.
I think you're lying there under the rose bushes.
I wonder if you're cold.

Fotografía

Si no te hubieras muerto iría a verte
A aquella habitación de paredes azules,
Anjeo en las ventanas y una cama Luis XV.
Estarías sentada en una mecedora,
Con la luz amarilla de la tarde en la cara.
Velados por la nube de las cataratas,
Tus ojos casi ciegos mirarían al vacío.
La sonrisa, una mueca extenuada, de abulia.
Estarías muy pequeña, encorvada en la silla,
La piel casi pellejo, con queratosis, manchas.
El cuello del vestido con un polvillo blanco
Caído de lo que fuera tu cabellera oscura.
Te pondría un par de anturios en la falda,
Serías una muñeca en una mecedora.
En el regazo dos anturios rojos
Y tus manos muy blancas.

Photograph

If you hadn't died, I'd be going to see you
In that room with blue walls,
Window screens and the Louis XV bed.
You'd be sitting in a rocking chair,
Yellow afternoon light on your face,
Your eyes, obscured by the fog of cataracts,
Almost blind, staring out at nothing,
Your smile of apathy, an exhausted gesture.
You'd be so small, hunched over in your chair,
Your skin scaly with keratosis, spots,
The neckline of your dress littered with
White dust from once-dark hair.
I'd place a pair of anthuriums on your skirt,
And you'd be a doll in your rocking chair,
With two red anthuriums in your lap—
Your hands so white.

Siete poemas, siete sombras

*

Vi una hoja amarilla caer entre una zanja,
En la fosa común de hojas secas, entre sombras.

*

La luz recorta siluetas: el cordel de mi lámpara,
La pantalla que cuelga; en mi pared, sombras.

*

La llovizna resbala en mi ventana, las luces
En el vidrio oscuro, pólvora sobre sombra.

*

Sobre el estéreo, la foto en sepia de mi madre,
En su vestido pálido, en la luz de la tarde, sombras.

*

Con ella sueño en una habitación sin puerta,
Mi padre cerca, borroso e impreciso, una sombra.

Seven Poems, Seven Shadows

*

I watched as a yellow leaf fell into a ditch,
Into the potter's field of dry leaves, into shadows.

*

The light cuts silhouettes: the cord of my lamp,
The hanging lampshade, on my wall shadows.

*

Drizzle slides down my window, the lights
On the dark glass, fireworks on shadows.

*

On top of the stereo, the sepia photograph of my mother,
In her pale dress, in the afternoon light, shadows.

*

I dream of her in a room without a door,
My father nearby, blurry and vague, a shadow.

Último día

*

Anochecer, el cielo gris, los árboles oscuros,
Estoy a gusto entre sus sombras.

*

Por las calles tú y yo, entrelazados.
En el pavimento, nuestra enorme sombra. 田

Last Day

*

Twilight, the sky gray, trees dark—
I feel at ease in these shadows.

*

Through the streets, you and I, arm-in-arm.
On the pavement, our enormous shadow.

Chanclas

Palomas revoloteaban en el tejado de la casa,
Cerrada, oscura, no parecía vivir en ella nadie.

Adentro se oía un chancleteo sobre tablas,
Tal vez los pasos del nebuloso Nadie.

Un tic-tac de reloj retumbaba en un cuarto vacío,
Se desvanecía luego, no se oía nada, nadie.

De noche alguien escuchaba golpes en la puerta.
Adentro susurros de mujer, jadeos de Nadie.

Un ventarrón abrió un día las ventanas, alguien
Forzó la puerta, registró la casa. Nadie.

No se oyeron más pasos, relojes, ni murmullos...
Las palomas se entraron, invadieron la casa de Nadie.

Cuando llueve, sobre la hojarasca húmeda del jardín
Se escuchan unas chanclas. No se ve a nadie...

Flip-Flops

Pigeons were fluttering on the roof of the house,
Closed, dark, apparently lived in by nobody.

Inside, a flapping sound on the floorboards,
Maybe the footsteps of the indefinite Nobody.

A clock was ticking in an empty room,
Then it faded away, nothing to hear, nobody.

At night someone's heard knocking on the door.
Inside, whispers from a woman, panting from Nobody.

A windstorm threw open the windows one day, someone
Forced his way in, searched the house. Nobody.

No more footsteps, no more clocks, no more murmurs....
Pigeons broke in, invading the house that belonged to
                                                Nobody.

On the damp leaves in the garden, when it rains,
You hear some flip-flops. You see nobody....

Juego de sala

Después que la cremaron,
Saqué el juego sala.
Dos hombres se llevaron
El cargamento de pana verde,
De resortes y espuma.
El espacio quedó desocupado.
Barrí las flores de pelusa, el polvo
Células de piel muerta, pelo,
Fibras y un poco de carcoma,
Escondidos por días
Debajo de los dos sofás.
Las persianas
Se quedaron abiertas.
El sol de medio día
Sobre el embaldosado
Brillaba con una claridad
Desconocida.
Luego,
Cuando me acostumbré
A esa luz de sol
A ese vacío,
Ella se instaló allí,

Living Room Set

After
She was cremated,
I got rid of the living room set.
Two men carried off
The load of green corduroy,
Springs and foam.
The space was left empty.
I swept up flowers of lint, dust,
Hair, dead skin cells, fibers,
And a few insect droppings
Hidden for days
Under the two sofas.
The blinds
Remained open.
The mid-day sun
On the tiles,
Shined with
An unfamiliar clarity.
Then, as I got used
To that sunlight,
That vacancy,
That's where she settled,

Último día

En esa habitación desierta,
En esa luz oblicua de las tardes.
Nadie la vio, yo no la vi tampoco.
Pero ahí estaba, muy pequeña, sutil,
Omnipresente, ocupando el vacío
Que dejaron los muebles.

Last Day

In the deserted room, the
Oblique afternoon light.
No one saw her. I didn't see her either.
But there she was, quite small, subtle,
Omnipresent, filling the space left
By the furniture.

Algarabía de pájaros

Una algarabía de pájaros,
Saltan y se agitan en un árbol,
Como un milagro del día que declina.
Tres patos negros,
Dos sobre un camino de asfalto,
Otro sobre la hierba.
La hembra engorda, parece rezongar
Parece que se espulga con el pico.
Ojalá fuera yo esa hembra,
Echada flojamente en la calzada
Sobre mis plumas negras aceitosas,
Entonces no me dolería de tu pérdida.
A poco llueve,
Me resguardo de la lluvia para mirar la tarde,
Las luces que chispean como pólvora en los charcos.
¿Por qué te encuentro en todas partes esta noche?

A Revelry of Birds

A revelry of birds
Jumping and flapping in a tree,
A wonder in the fading daylight.
Three black ducks,
Two on an asphalt path,
Another on the grass.
The female puffs up, seems to be
Grumbling, picking off lice
With her beak.
I wish I were that female,
Lying lazily on the sidewalk
With my black, oily feathers.
Then I wouldn't be mourning for you.
Soon it rains.
I take shelter, watch night coming on,
The lights sparkling like fireworks in the puddles.
Why do I find you everywhere tonight?

Vegetación

¿Por qué te veo en la tierra,
Áspera y reseca,
Entre raíces
Y formas irregulares del suelo,
Que no sé nombrar,
Entre cal y trozos de cemento
Caídos en la tierra?
¿O entre las lagartijas y grillos
Que brincan en el polvo y la maleza,
Mientras tú eres cenizas?
Tiemblo,
Porque te siento viva
En el microcosmos del suelo.
Porque ahora vives en la vegetación...
Tal vez has renacido en esas raíces pálidas,
O estás esparcida en la tierra.

Vegetation

Why do I see you
In the rough, dry earth,
Between roots
And odd kinds of soil,
That I cannot name,
Between lime and pieces of cement
Fallen on the ground?
Or between lizards and crickets
Jumping in the dust and weeds,
While you are ashes?
I tremble,
Because I feel you alive
In this microcosm of soil.
Because now you live in the vegetation …
Perhaps reborn in those pale roots,
Or scattered on the earth.

Casa en ruinas con palomas

Gorjeos
De palomas
En cornisas,
En el techo,
En macetas.

Un trozo de tizón,
Que fuera candelero
En el estante derruido.
Retrato de una muchacha,
Trenzas negras, manos blancas,
Entre resortes de un colchón.
Huevos podridos,
Plumas de paloma por el suelo.
Ruinas, cascajo, arena por doquier.

Un cielorraso a punto de caer,
Por el peso de años, de arrullos,
De caca de palomas.
Habitación que ya no habita nadie,
Excepto los gorjeos y los nidos.
Disparos todavía,

Ruined House with Pigeons

Gurgling
Of pigeons
In cornices,
On the roof,
In flowerpots.

In the demolished cupboard,
A lump of burnt metal,
Once a candelabra.
Portrait of a girl,
Dark braids, white hands,
Jutting from the springs of a mattress.
Rotten eggs,
Pigeon feathers on the ground.
Ruins, rubble, sand everywhere.

A roof on the verge of collapsing,
From the weight of years, of murmuring,
Of pigeon shit.
Room where no one lives anymore,
Except for the gurgling and the nests.
Still the gunshots,

Último día

Saltan en la pared
Sobre cicatrices de cal.
Dos trenzas blancas
Aún se asoman
Por el cristal roto,
Alguien busca a su hijo
Entre la hierba.

Last Day

Striking the wall, leaving chalked scars.
Two white braids
Emerge
From the broken glass.
In the grass,
Someone is looking for her son.

Zapateado

A veces por la noche
Con un libro en la falda,
Te dormías en la silla
De terciopelo verde.
Como en aquel domingo
... una taza de agua
Resbaló de tus manos
Soñolientas
Y se regó en añicos
Por el suelo.

De tarde en tarde,
Abrías los ojos de par en par,
Cuando un petirrojo
Picaba junto a tus pantuflas,
O escuchabas las voces
O pasos de tus hijas en la puerta...
Y volvías a cabecear.
Cuántas veces la música
Sonaba hasta el amanecer
Mientras tú dormitabas
Sin poder dormir.

Zapateado

Sometimes at night
With a book in your lap,
You'd fall asleep in your
Green velvet chair.
Like on that Sunday
... a cup of water
Dropped from your
Sleeping hands and
Shattered to bits
Across the floor.

Some afternoons, you'd
Widen your eyes
When a robin pecked
Close to your slippers,
Or you heard the voices,
Footsteps, of your
Daughters at the door...
Then dozed again.
How many times the radio
Played until dawn
While you rested,
Unable to sleep.

Último día

Ahora miro el álbum de familia
En mi radio se oye "Zapateado"
Y como en un tablado a media luz
Apareces de nuevo en tu sillón
Duermes, con sobresalto
Despiertas y preguntas
¿Qué hora es?

Last Day

Now, I look at the family
Album. My radio is playing
"Zapateado," and as
On a half-lit stage, you
Reappear in your armchair,
Sleeping. With a start,
You wake up and ask:
"What time is it?"

II. No se escucha ningún pájaro

II. There are no more bird sounds

Castaño

En Chicago,
Al final del otoño
En los días de poca luz,
Y noches que se alargan,
Los árboles habían perdido
Casi todas las hojas.
Envejecidas, sin verde,
Con las venas tupidas
Y azúcar estancada,
Se habían vuelto ocres,
Terracotas, pardas.
Por las calles,
En las noches heladas,
Con reflejos de luz
Fluorescente,
Se oscurecían.
Al caer de los arboles
Se apilabanen el suelo,
Las sentía quebrarse
Bajo mis zapatos.
Pero ocres, amarillos
Y cafés
Aún resplandecían
En esas hojas
Machacadas
Muertas.

Brown

In Chicago,
At the end of autumn
On days of little light,
And nights grown longer,
The trees had lost
Almost all their leaves.
Aging, without green,
With thick veins
And stagnant sugar,
They had turned ocher,
Terracotta, dun.
On freezing nights,
In the streets
Reflecting
Fluorescent light,
They grew darker.
Falling from the trees,
They piled up on the ground.
I felt them breaking
Under my shoes.
Ocher, yellow
And coffee,
Still shining
In those leaves,
Crushed,
Dead.

Felicidad con mosca

Hay un pote de miel sobre un platillo,
rebanadas de pan,
una jarra de leche,
cafetera de cobre,
un huevo espera en la tacita china,
todo puesto en la mesa
y el tufillo a café.
Hay un sol que se mira en el cristal
y una mosca aletea en el mantel.

Happiness with Fly

There's a jar of honey on a saucer,
bread slices,
a jug of milk,
a copper coffeepot,
an egg waits in the Chinese teacup,
everything's on the table
and the scent of coffee.
There's the sun staring into the glass,
a fly fluttering on the tablecloth.

Edén

Jardín gozoso
En el traspatio.
Un retrete sin tapa
Como nicho,
Sepultado en la hierba.
Adentro orugas, chinches,
Un nido de torcazas.
Un bejuco de lilas
Le toquetea el vientre
Una mosca corteja
Las heces de un caballo.
Dios sonríe.

Eden

Garden of pleasures
In the backyard.
A toilet without a lid,
An alcove
Buried in the grass.
Inside caterpillars, stink bugs,
A dove's nest.
The stem of a lilac bush
Wraps around its belly.
A fly courts
The feces of a horse.
God is smiling.

Cricrí

Hace frío, ya no oigo
El cricrí de los grillos.
Solo uno, desvelado,
Se quedó entre lo verde
Y llama toda la noche
A una hembra desconocida.

Chirping

It's cold. I don't hear
Crickets chirping anymore.
Only one, unable to sleep,
Remaining in the foliage,
Calling all night
To an unknown female.

Desaparición

Cuando miré por la ventana
Vi edificios, asfalto y vidrio,
Grúas que se doblaban y se erguían
Cargadas de acero y piedra.
De pronto aparecieron los pájaros oscuros.
—La noche anterior había soñado
Con multitudes de pájaros negrísimos-
No sé cuándo llegaron.
Viajaron quizás de noche,
Por horas, desde el norte helado,
Sin dormir, o dormitando en el aire,
Para no morir en las corrientes frías.
Había una luz amarilla en el atardecer
Y el cielo se oscureció de pronto,
Cuando el enjambre negro descendió
E invadió el tendido eléctrico.
Dos de ellos, enormes,
Encima de una farola.
Se espulgaban y se mordían,
Como enamorados.
Los pájaros oscuros
Vinieron por semanas

Disappearance

When I looked out the window
I saw buildings, asphalt, and glass,
Cranes that bent and straightened
Loaded with steel and stone.
Suddenly the dark birds appeared.
—The night before, I'd dreamed
Of multitudes of blackbirds—
I don't know when they arrived.
Maybe they traveled at night,
For hours, from the freezing north,
Without sleeping, or dozing in the air,
Risking death in the cold currents.
There was a yellow light from the sunset,
And the sky darkened suddenly,
When the black crowd dropped down,
Seizing the power line.
Two of them, huge,
On top of a streetlight
Grooming and biting,
Like lovers.
The dark birds
Came back for weeks

Último día

Y desaparecieron poco a poco.
En la tarde aún fresca de marzo,
Sólo veía a uno solitario,
Picoteando el poste de la luz.
Hace días lo busco al atardecer.
No ha regresado, pero aún
Oigo su grito.

Last Day

Then disappeared little by little.
On March afternoons, still cool,
I'd see one alone,
Pecking at the lamppost.
For days, I've looked for him at sunset.
He hasn't returned, but I still
Hear his shout.

Último día

En la casa de Pance

La lluvia cae sobre los charcos.
El mundo se desvanece en niebla y agua
Sólo hay sombras de árboles en la lejanía

Y frío que penetra en los intestinos y los huesos.
No se puede andar por esa tierra líquida
Para encontrar donde secarse.

Oscurece, no se escucha ningún pájaro,
Sólo una voz débil, como un sollozo,
Que duele desde los barrizales.

Sé que tienes pavor del aguacero,
Como si el agua rodeara tu cuarto
Y todos los caminos de salida se cerraran.

Pero duérmete otra vez entre las cobijas,
El ruido de la lluvia es un mal sueño,
Que discurre detrás de la ventana.

Pronto traerán la bandeja con el desayuno.

Last Day

At the House in Pance

Rain collects into puddles.
The world is smeared with fog and water.
There're only shadows of trees in the distance

And cold that penetrates intestines, bones.
The earth's turned sodden and impassable—
Even to find a place to dry off.

It's getting dark. There are no more bird-sounds,
Only a weak voice like someone sobbing,
Slipping out of the mud, causing pain.

I know how you're panicked by storms,
As if the water were rising outside your room
And all escape routes had been cut off.

But go back to sleep under your blankets.
The sound of the rain is only a nightmare
Happening on the other side of the window.

Soon, they'll bring you a breakfast tray.

Geranios rojos

Había entonces geranios rojos,
Una perra muy joven que rascaba el suelo.
Mi padre regresaba con las primeras luces,
Se agitaba en la cama, se mecía el colchón.
Mi madre despertaba de su sueño frágil.
Mi madre tenía agrieras, tenía frío.
Crecimos, mi padre construyó una casa.
Luego, mi padre se fue un día...

Ahora duermo al lado de mi amor

Escucho sus siseos, sus ronquidos suaves,
Y sueño con geranios rojos en aquella casa.
Un perro joven rasca en nuestra puerta
Y me agito en la cama, como entonces mi padre.
A veces tengo agrieras por la noche.
Y me da frío debajo de las sábanas.
Y sueño que mi amor se va de casa,
Como entonces mi padre.

Pero ahora mi amor duerme a mi lado.

Red Geraniums

Back then, there were red geraniums,
A young dog scratching at the floor.
My father would return at first light,
Shifting around in bed, shaking the mattress.
Waking my mother from her fragile sleep.
My mother had heartburn, she was cold.
We grew up, my father built a house,
Then he left one day.

Now, I sleep in bed with my lover.

I hear his sibilant breathing, soft snores.
I dream of red geraniums in that house.
A young dog scratches at our door,
And I shift around in bed, like my father did.
Sometimes I have heartburn during the night.
And I am cold under the sheets.
And I dream my lover leaves the house
Like my father did.

But now, my lover sleeps next to me.

Ternura

Doce patos echados en la hierba
Otros en diagonal hacia el cercado.
La casa ya evacuada, en silencio.
La madera apilada en el jardín.
Faroles en el camino de la entrada.
La hamaca aún, la cicla ya no está.
Contenedores de basura huecos.
Vasos de yogurt, latas en la hierba.
Plástico en las ventanas apagadas.
Lagartija arqueada en la pared.
Un indigente yace bocarriba
Su perro amarrado, muy cerquita,
Le lame las mejillas, las orejas.
Soy esa perra que te lamía el cuello
Anoche mientras te dormías.

Tenderness

Twelve ducks resting in the grass,
More angling toward the fence.
That house is cleared out now, silent.
Wooden boards piled in the yard.
Lanterns left on the walkway.
The hammock's still there, but not the bike.
The garbage bins are empty.
Cans, yogurt cups in the grass.
Plastic-sheeted windows, unlit.
A lizard arching across a wall.
Destitute, a man lies face-up,
His dog tied to him, very close,
Licking his cheeks, his ears.
I am that dog, licking your neck
Last night, as you fell asleep.

Dorado

En el jardín de noche, la bromelia roja era negra.
La lámpara de colores teñía los cubiertos de dorado.

El viento entraba por las puertas de vidrio,
Tus mejillas ardían al sacar del horno un pez dorado.

Sobre corcho, madera y lino azul
Hubo ensalada, pan y un pedazo blanco de dorado.

Después del vino tinto y el café expreso,
En la boca aún sentíamos el regusto a dorado.

En el lavaplatos quedó el molde de latón con manchas,
Grasa y carbón de lo que fuera un pez dorado.

Dorado

In the garden at night, the red bromeliad was black.
The colored lamp dyed the cutlery golden.

The wind came in through the glass doors.
Your cheeks flushed as a golden fish came out of the oven.

On cork, wood, and blue linen,
There was salad, bread, and a white portion of golden fish.

After red wine and a cup of espresso,
In our mouths, the aftertaste of gold remained.

A dirty roasting pan in the kitchen sink,
Grease and carbon, the remnants of a golden fish. 方

En el cuarto de enseguida

La silla, el escritorio, el anaquel,
El filtro de aire, música de Bach.
En frente de los libros tus cenizas
Entre una caja de madera, madre.
Encima de la tapa una tarjeta
Escrita a mano, nunca te la di.
Meses atrás abrí la caja, había
Trocitos de tus huesos, arenilla,
Como gravilla verde, olor extraño
A libro viejo, a tierra, o a metales.
Estás ahí, no duermes, no descansas
Inerte entre los libros y el desorden.
Estás aún ahí, entre polvo y descuido.
Alguien habla en el cuarto de enseguida
Alguien llegó después de que moriste,
Era tu aniversario. Había frascos
Abiertos en el baño, en la cocina
Ollas regadas por doquier, desorden.
Él se recuesta ahora en mi cama.
Come en mi mesa, bebe vino, ríe, y
de repente siento tu olor a talco,
A jabón johnson's en tu traje azul.

In the Next Room

The chair, the desk, the bookshelves,
The air filter, Bach's music.
Your ashes, Mother, inside
A wooden box, books in front.
On top, a handwritten card
That I never gave to you.
Months ago, I opened it,
Found little pieces of bone,
Grit, fine green stones, strange odor
Of old books, of soil, iron.
There, not sleeping, not resting,
Lifeless between the books and
The clutter. Still there, among
Dust, neglect. Someone speaks from
The next room, one who arrived
After you died. It was the
Anniversary of your
Death, open jars by the bath,
Pots spread around the kitchen...
Chaos. He's resting now on
My bed, eats at my table,
Drinks wine, laughs. Suddenly,
I smell your talcum powder,
Johnson's soap on your blue dress.

III. Entre sábanas hablamos en susurros

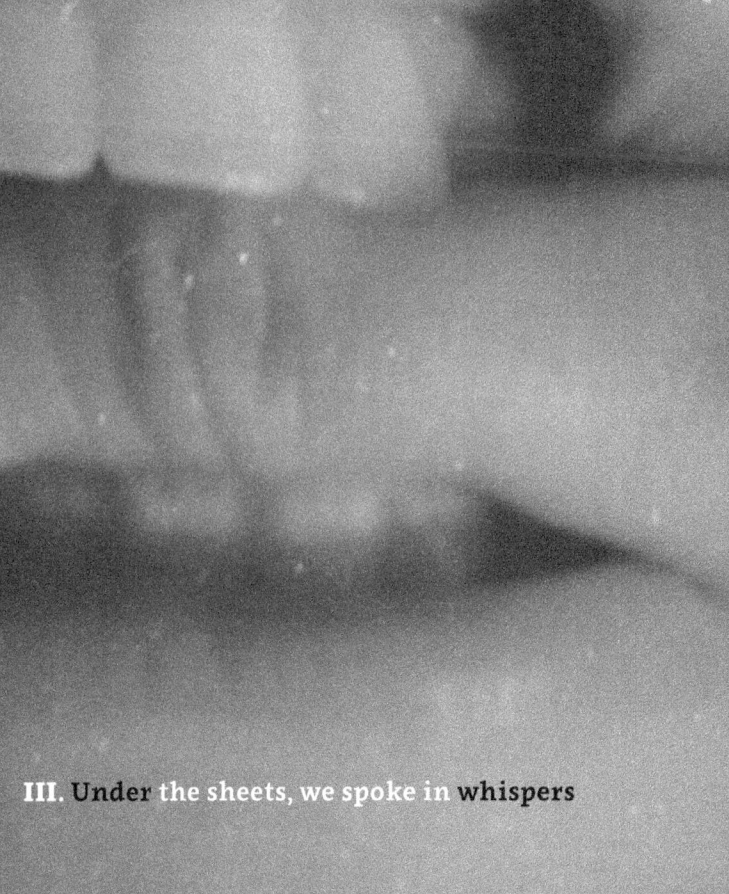

III. Under the sheets, we spoke in whispers

Luz de una lámpara de pie

El viento andaba entre los edificios,
Se detenía en las ventanas de la casa.
A veces el clima era un infierno,
Otras veces llovía y refrescaba.
Adentro los dos viejos
Se quedaban solos
Sentados en la sala.
Él no prendía las luces,

Solamente la lámpara de pie,

Que ponía cerca de su sofá.
Un parche de luz escasa,
Sobre su cara, sobre sus anteojos
Y sus ropas,
Era lo único visible en el cuarto.

Con un lápiz casi despuntado
Llenaba el crucigrama.
A veces se fijaba en una grieta
De la pared de enfrente, tapada con
estuco, Donde estuviera antes su retrato.
A veces se fijaba en su ex esposa, Sentada
en el sofá de tela,
Al otro lado de la sala.

Light from a Floor Lamp

The wind was blowing through the buildings,
Stopping at the windows of the house.
Sometimes the weather was hell,
Other times it would rain, growing cool.
Inside, the old couple
Were left alone, sitting
In the living room.
He wouldn't turn on the lights,

Only the floor lamp he'd

Placed by his sofa.
A dim scrap of light,
On his face, his glasses,
His clothes,
It was all that was visible in the room.

With an unsharpened pencil,
He'd fill in a crossword puzzle.
Sometimes he'd notice a crack
In the front wall, covered with stucco,
Where his portrait used to be.
Sometimes he'd notice his ex-wife
Sitting on the fabric couch,
Across the living room.

Último día

Sin la luz de la lámpara, ella

Era la parte en sombras del retrato.
Cabeceaba hacia un lado, se despabilaba,
Iba hasta la cocina apoyada en el bastón,
Luego hasta el comedor por un pedazo de torta,
Tarareando un bolero.
Él reducía la luz del comedor
Tal vez para ahorrar en la energía,
Quizás para no ver la figurita de ella
Enflaquecida y jorobada,
O su avidez al devorar
El pedazo de torta.

En la sala él mermaba la luz de la lámpara,

El puesto de ella en el sofá
Se fue quedando vacío, a oscuras.

Ella apagó un día
Las luces de su cuarto y se marchó.
Los muebles de la sala, el comedor y de las piezas...
Desaparecieron poco a poco.

Se llevaron la lámpara de pie.

Él se marchó después. Todo quedó en tinieblas.

Last Day

Without the lamp light, she

Was the shadowy part of the portrait.
She dozed with her head to one side, woke up,
Went to the kitchen, leaning on a cane,
Then to the dining room for a piece of cake,
Humming a *bolero*.
He dimmed the light in the dining room,
Maybe to save on energy,
Maybe to ignore her silhouette,
Skinny and hunchbacked,
Or her eagerness to devour
The piece of cake.

In the living room he dimmed the light of the lamp.

Her spot on the couch
Ended up empty, in the dark.

One day, she switched off
The lights in her room and left.
The furniture of the living room, the dining room,
                                      the bedrooms...
Disappeared little by little.

They took the floor lamp.

He went away soon after. Everything was left in darkness ☒

Nevada precoz

En Chicago vi
La primera nevada
Del invierno.
Anduvimos abrigados
Por calles que atardecían,
Con el picor del frío
En la frente y los labios.
Había hielo, barro en las aceras,
En la yerba de los parques,
Un árbol lleno de hojas coloradas,
Otro que desprendía hojas amarillas.
Vi la claridad azul del cielo
Volverse anaranjada, luego gris.
Para llegar a la casa que alquilamos
Abríamos una puerta de alambre,
Caminábamos hasta el fondo
De un jardín, por un camino de asfalto,
Y pisadas de botas en la nieve,
Que pronto fueron mías.

Mientras apretabas mi mano,
Tibia entre tu bolsillo, hojas color de óxido
Morían bajo nuestros zapatos.

Early Snow

In Chicago I saw the first
Snow of winter.
We bundled through
The evening streets, my forehead
And lips itching with cold. There was
Ice, mud on the sidewalks, on the park grass,
A tree full of red leaves, another
Shedding yellow ones.
I saw the sky's blue clarity
Turning orange, then gray.
To reach the house we'd rented, we
Opened a metal gate and walked to the end
Of a garden, an asphalt path, boot prints
In the snow. Soon, mine replaced them.

While you were squeezing my hand,
Warm in your pocket, rust-colored leaves
Died under our shoes.

Lo que quedó de la cena

Pedazos y migajas
De queso azul
Y de queso de cabra
Una porción
De pollo sin tajar
Los residuos de avena
De la barra de pan
Cortado a medias
Los tomates cereza
En el tazón de vidrio
Las naranjas dulcísimas, rojizas
Restos
De pollo, gotas
Del aceite de oliva y vinagreta
Caídos en los pliegues del mantel
El vino tinto,
Rescoldo en copas
Las tacitas,

Left Over from Dinner

Pieces and crumbs
Of blue cheese,
Goat cheese,
A portion
Of chicken, unsliced,
The remains of oats
Fallen from a half-cut
Loaf of bread,
Cherry tomatoes in
A glass bowl,
The sweetest oranges, almost red,
Scraps
Of chicken, drops
Of olive oil and vinaigrette
Splattered on creases of the tablecloth,
Red wine
Like embers in the glass,
Little cups,

Último día

Sedimentos de café,
Y dos pares de manos
Al borde de la mesa
Que se rozan
Apenas.
Y dos pares de ojos
Que se dicen
Lo que las manos
No se atreven.

Last Day

Dregs of coffee.
Two pairs of hands
By the table's edge,
Brushing against each other,
Two pairs of eyes
Risking
What the hands can't say.

Caja entre el closet

Cerca del árbol,
Había un bullicio
De pájaros,
Esa tarde en que vi
Entre su closet
Una caja repleta
De condones.
Un pájaro voló
Debajo del alero
Escapado del nido,
Parecía sangrar.
Llamaba a gritos
A cualquier hembra
Del vecindario
Para follar.

The Box in the Closet

Around the tree,
There was a commotion
Of birds,
That afternoon when I found
In his closet
A full box
Of condoms.
A bird flew by
Beneath the eaves,
Having run away from the nest,
Apparently bleeding.
He was screaming
To every female
In the neighborhood
To come fuck.

Bata de baño

Es hora de marcharme, puse ropa,
Libros, y un cargador en la valija.
Su perro se ha acostado en el pasillo.
Con su bata de baño, el pelo gris
Sin peinar, sin afeitar la barba,
Sin ducharse, él se sirve un expreso.
Parado en la cocina coge trozos,
De pan del desayuno endurecido.
La luz fluorescente en la cocina
Parpadea, parece que se extingue.
Yo pelo una naranja, la más dulce.
Lo miro de reojo, tiene cejas
Rojizas, piel lozana aún de niño.
Su rostro apacible me sonríe.
Hay café en las esquinas de su boca.
Me bebo las goticas del bigote,
Para calmar la sed y desanudo
El cinturón de su bata de baño.
Él apaga la luz de la cocina.

Bathrobe

It's time for me to leave. I put clothes
Books, and a charger in the suitcase.
His dog huddles in the corridor.
He's in his bathrobe, gray hair uncombed,
His beard unshaven, not yet showered—
He fixes himself an espresso
And stands by the counter, picking at
Stale bread from breakfast. Fluorescent lights
Flicker in the kitchen, probably
Wearing out. I peel an orange, the
Sweetest one, and look at him sideways:
Reddish brows, skin still fresh like a child.
His face relaxes, smiling at me,
Coffee in the corners of his mouth.
I drink the drops left in his mustache
Because I'm thirsty and untie the
Knot of his robe. He flicks off the light.

Un lunes

Aquel lunes
En la mesa de caoba,
Matisse había pintado
El desorden de la loza gris,
Los brillos verdes,
Reflejos de la luz del día;
Los platos de la sopa y el suflé,
Todavía apilados, sin lavar,
Y los restos de pan desmigajado
En la tabla de cortar;
Sobre las servilletas rojas,
Las dos copas y en el fondo
Vino tinto reseco, endurecido.
El tirabuzón de corchos,
Aún opaco
Por las huellas de tus dedos.
En mi cuarto, sobre el cobertor
Dormía la sombra de tu camisa azul,
Y sobre la almohada
Tu pelo de cachorro gris,
Con mechones castaños en la nuca.
Las sábanas tenían

One Monday

That Monday
On the mahogany table,
Matisse had painted
The clutter of gray china,
Green shimmers,
Reflections of daylight;
The soup bowls and soufflé dishes,
Still stacked, unwashed,
And the crumbled bread crusts
On the cutting board;
On top of the red napkins,
The two glasses and at the bottom
Dried red wine, hardened,
The corkscrew
Still smeared
With your fingerprints.
In my room, on the bedspread
Slept the shadow of your blue shirt,
And on the pillow
Your boyish hair, gray
With brown curls at the neck.
The sheets had the

Último día

Aroma a coco, a piel tuya
Recién salida de la regadera.
Perdida en un ensueño diurno
Debajo de una funda vi
El fantasma travieso
De un preservativo,
Fugitivo de la caja
De condones que guardas
Entre el closet.

Last Day

Scent of coconut, your skin
Fresh out of the shower.
Lost in my daydream, I saw
Underneath a pillowcase
The wicked phantom
Of a condom,
A fugitive from the box
Of rubbers you keep
In the closet.

Tríada edípica

Mientras me abrazas cerca del comedor,
Tu perro deambula cerca de nosotros.

Cuando me besas al llegar a casa,
Tu perro alza el hocico suplicante, gime.

Mientras tomamos una siesta,
Tu perro yace cerca de nuestra cama.

Cuando preparas el café en la cocina,
Tu perro huele tus zapatos, tus huellas en el piso.

Mientras hablamos después de la cena,
Tu perro acerca las narices, me pide una caricia.

Cuando dormimos con la puerta asegurada,
Tu perro se duerme en el corredor.

Oedipal Triad

While you hug me near the dining room,
Your dog wanders nearby.

When you kiss me as I enter the house,
Your dog raises his muzzle, begging, whining.

While we take a siesta,
Your dog lies near our bed.

When you brew coffee in the kitchen,
Your dog sniffs your shoes, your footprints on the floor.

While we talk after dinner,
Your dog brings his nostrils closer, asks me to pet him.

When we sleep with the door locked,
Your dog falls asleep in the hallway.

La noche del huracán

La noche del huracán
Me despertó el sonido
De lluvia en los cristales.
Tú dormías frente al ventanal
Azotado por el viento y el agua.
Yo frente al hueco oscuro del closet.
La luz azul del radio se había ido.
Había un apagón en los alrededores.
Como homínidos asustados
Porque una tormenta había apagado
Nuestra fogata en un chamizo seco,
Nos dimos la vuelta en la oscuridad.
Entre sábanas hablamos en susurros.
Me fijé en tu cabeza sobre mi axila.
En tu pelo gris creí ver el resplandor
Que aún había en el cielo.
Con esa luz escasa
Me dormí.

The Night of the Hurricane

The night of the hurricane
The sound of rain against
The glass woke me.
You were sleeping in front
Of the picture window,
Slammed by wind and water,
I in front of the dark hollow
Of the closet.
The radio's blue light was gone.
There was a blackout across the neighborhood.
Like hominids frightened that a storm
Had put out our fire of dry sticks,
We turned over, and under the sheets,
Without light, we spoke in whispers.
I noticed your head beneath my armpit
And thought I saw in your gray hair the glow
That remained in the sky.
In that dim light,
I fell asleep.

Jueves

El chorro de la regadera
Salpicaba la cortina del baño,
El agua hirviendo y el vapor
Empañaban el espejo.
Nunca te vi desnudo bajo la ducha.
Las puntas de tu bigote recortadas
Dejaban la curva de tu boca
Al descubierto.
El agua chorreaba por tu cuerpo.
Tu figura viril se alargaba, se perfilaba
Como un retrato de Modigliani.
Envuelto en la toalla
Entraste a la habitación, tenías
El rostro encendido y húmedo
La piel ardida por el agua hirviendo.
Las puertas estaban aseguradas,
La luz tenue de la lámpara del comedor
Aún prendida.
En las ventanas había presagios de lluvia.
A duras penas prendimos el pabilo negro
De nuestra veladora en la mesita.
La llama se consumía poco a poco.
Por la mañana recogí
Algunos de mis cabellos
Que dejé en tu almohada.

Thursday

The stream from the nozzle
Splashed the shower curtain.
Hot water and steam
Clouded the mirror.
I'd never seen you naked in the shower.
The clipped ends of your mustache
Left your mouth's curve
Uncovered.
The water ran down your body,
Lengthening your man-shape, stretched out
Like a Modigliani.
Wrapped in the towel,
You stepped into the room, your
Face flushed and wet,
Skin still warm from the hot water.
The doors were locked.
The dining room lamp, still on,
Cast its faint light.
Through the window, you could see
Rain coming.
It wasn't easy lighting the burnt wick
Of our candle on the night table.
The flame kept burning out.
In the morning, I picked up
Some of my hairs
That I left on your pillow.

Último día

Un sábado en la tarde
Llegaré hasta la casa de madera oscura,
Al fondo del callejón, al lado de la cancha.
El carrito de golf, aparcado en la yerba
Con la pintura blanca manchada por el óxido,
Como caparazón vacío, parecerá un fantasma.
La cancha se verá desierta, abandonada, el césped
Crecerá impasible. Algunos árboles del jardín talados,
Otros carcomidos por bichos. Caminaré hasta la casa,
Daré unos toques en tu puerta. Nadie responderá.
Usare la clave de seguridad, girare el picaporte.
Adentro el perro, echado en la cocina, con los ojos lechosos,
Casi ciegos, se quedará inmóvil, sin conocerme. Tu hijo ausente,
Vivirá tal vez en Alaska. Al echar un vistazo
Habrá libros apilados en tu mesa,
El tazón de las frutas con polvo,
Repleto de papeles y caca de termitas....
Polvo en la biblioteca, en tu escritorio, en el estudio.
El patio interior limpio y resplandeciente después de la lluvia.
En tu cuarto, la cama sin tender, la almohada en el suelo.
Tu celular sin batería, sin cargador, inútil.
Te esperaré vanamente. Dormiré en tu colchón sin sábana.

Last Day

On a Saturday afternoon
I will arrive at the dark wooden house,
At the end of the cul-de-sac, next to the golf course.
A golf-cart, its white paint stained with rust,
Will be parked on the grass,
Its shell empty, ghost-like.
The golf course will be deserted, neglected,
The fairway grown impassible. Some trees in the front yard
Will have been cut down, others eaten by insects. I will walk
To the house and knock several times on the door. No one
                                                will answer.
I will enter the security code and turn the knob.
Inside in the kitchen, with milky eyes
Almost blind, the dog will lie immobile,
Without recognizing me. Your son, not there,
Might have gone to live in Alaska.
Looking around, I will see books piled on your table,
The dusty fruit bowl filled
With papers, termite droppings...
Dust in the library, on your desk, in the studio.
The patio clean, glistening after the rain.
In your room, the unmade bed, the pillow on the floor,

Al despertar el día estará claro, el cielo azul, el sol alumbrará
Sobre los árboles caídos y la hierba nueva.
Será el clima encantador del último día,
Como el que imaginó el astrónomo Sagan.
Antes de que el sol se abulte, la tierra
Se caliente y la vida se extinga.
Los océanos se evaporen
Y la atmosfera escape
Hacia el infinito.

Your cellphone without a battery, without a charger, useless.
I will wait for you, pointlessly. I will sleep on your
                              mattress without a sheet.
When I wake, the day will be clear, sky blue, sun shining
Above fallen trees and new grass.
It will be the lovely weather of the last day,
As the astronomer Sagan imagined,
Before the sun swells, the earth
Grows hot and life is extinguished,
Before the oceans evaporate,
And the atmosphere escapes
Up, toward infinity.

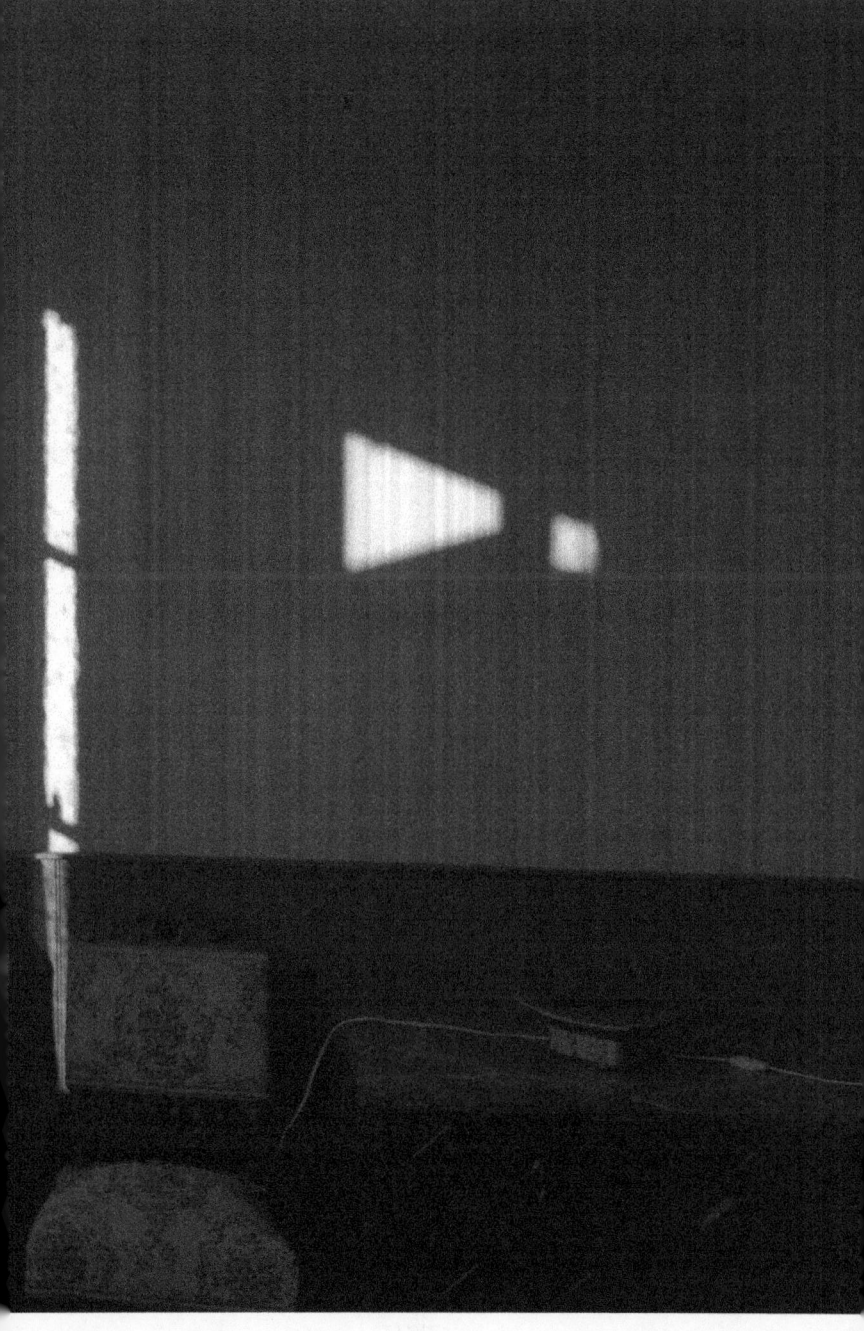

Agradecimientos

Muchas gracias a los editores de las siguientes revistas y de mi libro, en las que los siguientes poemas han aparecido:

Es español:
Conexos: Ternura, En el cuarto de enseguida, Zapateado, ¿Tienes frío? Edén y Felicidad con mosca (este poema se publicó con otro título)
Luz cultural: Edén y Felicidad con mosca
Carátula: Felicidad con mosca
Círculo de poesía: Edén
Crear en femenino: En la casa de Pance (se publicó con otro título)
Aquí (ellas) en Miami: La noche del huracán (se publicó con otro título)
Todas (fulanas y menganas) las mujeres: Juego de sala y Castaño
Habitación con moscas: Casa en ruinas con palomas, Felicidad con mosca y Edén.

En versión bilingüe:
Cagibi: Dorado, Happiness with Fly, Last Day, Oedipal Triad, Thursday
Cigar City Poetry Journal: Flip-Flops & One Monday
Sheila-Na-Gig: Leftovers from Dinner
The Laurel Review: Seven Poems, Seven Shadows
Two Chairs: Photograph

Acknowledgments

Many thanks to the editors and staff of the following journals and my book in which these poems have appeared:

In Spanish:

Conexos: Ternura, En el cuarto de enseguida, Zapateado, ¿Tienes frío? Edén y Felicidad con mosca (este poema se publicó con otro título)

Luz cultural: Edén y Felicidad con mosca

Carátula: Felicidad con mosca

Círculo de poesía: Edén

Crear en femenino: En la casa de Pance (se publicó con otro título)

Aquí (ellas) en Miami: La noche del huracán (se publicó con otro título)

Todas (fulanas y menganas) las mujeres: Juego de sala y Castaño

Habitación con moscas: Casa en ruinas con palomas, Felicidad con mosca y Edén.

Bilingually:

Cagibi: Dorado, Happiness with Fly, Last Day, Oedipal Triad, Thursday

Cigar City Poetry Journal: Flip-Flops & One Monday

Sheila-Na-Gig: Leftovers from Dinner

The Laurel Review: Seven Poems, Seven Shadows

Two Chairs: Photograph

Ximena Gómez es colombiana, escribe poesía y cuentos, es traductora y psicóloga y actualmente vive en Miami. Sus poemas han aparecido en varias revistas en español, como *Nagari, Conexos, Círculo de Poesía, Carátula, Raíz Invertida, Alastor, Ligeia, La Libélula Vaga* y *Espacio poético 4*. Poemas suyos traducidos al inglés en colaboración con George Franklin se han publicado en *Sheila-Na-Gig, Cigar City Journal, Two Chairs, The Laurel Review* y *Cagibi* y el poema que da el título a este libro "último día"/Last Day fue finalista para el premio lo mejor de la red en el 2018 (The Best of the Net). Su poemario "Habitación con moscas" fue publicado por Ediciones Torremozas (Madrid 2016). Ha sido incluida en varias antologías, entre ellas en la Nueva poesía y narrativa hispanoamericana del siglo XXI, Lord Byron Ediciones (Madrid 2017), Aquí ellas en Miami (Katakana Editores, Miami, 2018), Todas Las mujeres —Fulanas y menganas— (Ediciones Funcionarte Books, 2018) Crear en femenino (Editorial Silueta, Miami 2017). Ximena es la traductora del poemario bilingüe de George Franklin Among the Ruins / Entre las ruinas editado por Katakana Editores (Miami 2018).

Ximena Gomez is a Colombian poet, short-story writer, translator, and psychologist, currently living in Miami. Her work has appeared in numerous journals, including *Nagari, Conexos, Círculo de Poesía, Raíz Invertida, Alastor, Carátula, Ligeia, La Libélula Vaga,* and *Espacio poético 4*. English translations of her poems, done in collaboration with George Franklin, have been published in *Sheila-Na-Gig, Cigar City Journal, Two Chairs, The Laurel Review* and *Cagibi*, and the title poem of this book, "Último día/Last Day," was a finalist for The Best of the Net award in 2018. Her collection of poems "Habitación con moscas" (Room with Flies) was published by Ediciones Torremozas (Madrid 2016). Her work has been included in various anthologies, such as Nueva poesía y narrativa hispanoamericana del siglo XXI, Lord Byron Ediciones (Madrid 2017), Aquí ellas en Miami (Katakana Editores, Miami, 2018), Todas Las mujeres -Fulanas y menganas- (Ediciones Funcionarte Books, 2018) Crear en femenino (Editorial Silueta, Miami 2017). Her translation of George Franklin's Among the Ruins / Entre las ruinas was published by Katakana Editores (Miami 2018).

George Franklin es autor de dos poemarios: *Traveling for No Good Reason* (Sheila-Na-Gig Editions 2018) y un poemario bilingüe, *Among the Ruins / Entre las ruinas*, traducido por Ximena Gómez al español (Katakana Editores 2018) además de un folleto que publicó Broadsided Press (2019). Su trabajo de traducción en colaboración con Ximena Gómez se ha publicado en Cagibi, Sheila-Na-Gig, Cigar City Poetry Journal, Two Chairs, y The Laurel Review. Obtuvo una Maestría en Poesía de la Universidad de Columbia y un Doctorado en Literatura Inglesa y Americana de la Universidad de Brandeis. George Franklin es abogado, practica el derecho en Miami e imparte talleres de poesía en las cárceles del Estado de La Florida.

George Franklin is the author of two poetry collections: *Traveling for No Good Reason* (Sheila-Na-Gig Editions 2018) and a bilingual collection, *Among the Ruins / Entre las ruinas*, translated by Ximena Gómez (Katakana Editores 2018) and a broadside from Broadsided Press (2019). He received his MFA in Poetry from Columbia University and his PhD in English and American Literature from Brandeis University, and his co-translations with Ximena Gómez of her poems have appeared in Cagibi, Sheila-Na-Gig, Cigar City Poetry Journal, Two Chairs, and The Laurel Review. Currently, he practices law in Miami and teaches poetry workshops in Florida state prisons.

www.ingramcontent.com/pod-product-compliance
Lightning Source LLC
Chambersburg PA
CBHW051656040426
42446CB00009B/1168